FAVORITES

FOR STRUM & SING GUITAR

Cherry Lane Music Company
Director of Publications/Project Editor: Mark Phillips

ISBN 978-1-60378-346-0

Visit our website at www.cherrylaneprint.com

Abraham, Martin and John

Words and Music by
Richard Holler

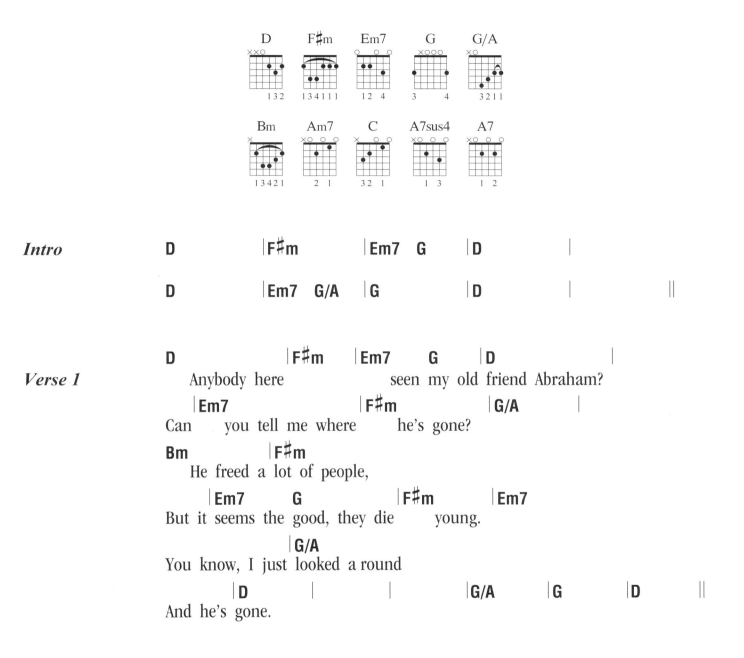

Intro

  D |F♯m |Em7   G |D |

  D |Em7   G/A |G |D ||

Verse 1

  D |F♯m |Em7   G |D |

   Anybody here   seen my old friend Abraham?

   |Em7 |F♯m |G/A |

Can   you tell me where   he's gone?

Bm |F♯m

   He freed a lot of people,

   |Em7   G |F♯m |Em7

But it seems the good, they die   young.

       |G/A

You know, I just looked a round

     |D | |G/A |G |D ||

And he's gone.

Verse 2

```
D                    |F♯m  |Em7      G      |D              |
    Anybody here              seen my old friend John?
        |Em7                        |F♯m          |G/A        |
Can you     tell me where he's     gone?
Bm                   |F♯m
   He freed a lot of        people,
        |Em7       G        |F♯m         |Em7
But it seems the good, they die young.
   |G/A                    |
I just looked around
G                |              |D        |         |          |          |
    And he's gone.
D          |          |G        |         |D         |         ||
```

Verse 3

```
D            |F♯m  |Em7      G    |D              |
    Anybody here          seen my old friend Martin?
       |Em7                    |F♯m        |G/A        |
Can you     tell me where he's     gone?
Bm             |F♯m
   He freed a lot of people,
              |Em7      G        |F♯m          |Em7
But it seems     the good, they die young.
      |G/A                   |
I just looked around
G             |D            ||
    And he's gone.
```

Bridge

G |F♯m |Em7   G |F♯m |
Didn't you love the things   that they stood for?

G |F♯m |Em7   G |Em7   G |D |
Didn't they try   to find some good   for you and me?

  |Am7 |C |G
And we'll be free

      |F♯m |Em7 |A7sus4   A7 ||
Some - day   soon; it's gonna be one day.

Verse 4

D |F♯m |Em7   G |D |
Anybody   here   seen my old   friend Bobby?

     |Em7 |F♯m |G/A |
Can you   tell me where he's   gone?

Bm |F♯m |Em7   G |F♯m |
I thought I saw him walkin' up   o -   ver the hill

Em7 |G/A |Bm |G |D ||
With Abraham   and Martin and John.

Brown Eyed Girl

Words and Music by
Van Morrison

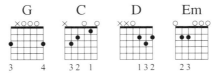

Intro   G |C |G |D |G |C |G |D ||

Verse 1

G |C |
Hey, where did we go?

G |D |
Days when the rains   came,

G |C |
Down in the hol - low,

G |D |
Playing a new   game.

G |C |
Laughing and a-running, hey, hey,

G |D |
Skipping and a-jumping.

G |C |
In the misty morn - ing fog

 |G |D |C |
With   our, hearts a-thumping, and you,

D |G |Em |
My brown-eyed girl.

C |D |G |D ||
You, my   brown-eyed girl.

Verse 2

```
      G                 |C            |
And whatever hap - pened
      G                      |D           |
   To Tuesday and so    slow?
      G                   |C              |
   Going down the old   mine with a
      G          |D          |
   Transistor ra - dio.
      G                 |C              |
   Standing in the sunlight laughing,
      G             |D            |
   Hiding 'hind a rainbow's wall.
      G                   |C          |
   Slipping and a-slid - ing
      G          |D              |C            |
   All along the waterfall with you,
   D                  |G          |Em         |
   My brown-eyed girl.
   C        |D          |G            |
   You, my    brown-eyed girl.
   D7              |          |                ||
   Do you remem - ber when    we used to sing:
```

Chorus

```
      G               |C             |G                |D            |
   Sha, la, la, la,  la, la, la, la,  la, la, la, te, da.  Just like that.
      G               |C             |G               |D
   Sha, la, la, la,  la, la, la, la,  la, la, la, te, da,
                  |G           |           ||
La, te, da.
```

Interlude

```
      G          |          |        |C      |G      |D          ||
```

Verse 3

G |C |
So hard to find my way

G |D |
Now that I'm all on my own.

G |C |
I saw you just the other day;

G |D |
My, how you have grown.

G |C |
Cast my memory back there, Lord.

G |D |
Sometimes I'm over - come thinking about it.

G |C |
Makin' love in the green grass

G |D |C |
Behind the stadium with you,

D |G |Em |
My brown-eyed girl.

C |D |G |
You, my brown-eyed girl.

D | | ‖
Do you remem - ber when we used to sing:

Outro

G |C |G |D |
Sha, la, la, la, la, la, la, la, la, la, la, te, da.

G |C |G |D |G   ‖
Sha, la, la, la, la, la, la, la, la, la, la, te, da.

California Dreamin'

Words and Music by
John Phillips and Michelle Phillips

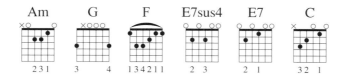

Am   G   F   E7sus4   E7   C

Verse 1

||**Am**   **G** |**F**
All the leaves are brown (all the leaves are brown)
   G |**E7sus4** |**E7**
And the sky is grey   (and the sky is grey).
F |**C**   **E7** |**Am**
I've been for a walk (I've been for a walk)
    F |**E7sus4** |**E7**
On a winter's day   (on a winter's day).
     |**Am**   **G** |**F**
I'd be safe and warm (I'd be safe and warm)
  G |**E7sus4** |**E7**
If I was in L.A.   (if I was in L.A.).
   |**Am**   **G** |**F**
California dreamin' (Cali - fornia dream - in')
  G |**E7sus4** |
On such a winter's day.

Verse 2

|| Am   G | F

Stopped in to a church

       G | E7sus4 | E7

I passed a - long the way.

     F | C   E7 | Am

Well, I got down on my knees (got down on my knees)

     F | E7sus4 | E7

And I pre - tend to pray   (I pretend to pray).

     | Am   G | F

You know the preacher liked the cold (Preacher liked the cold).

     G | E7sus4 | E7

He knows I'm gonna stay (knows I'm gonna stay).

    | Am   G | F

California dreamin' (Cali - fornia dream - in')

    G | E7sus4 | ||

On such a winter's day.

Interlude | Am | | F |

           C   E7 | Am   F | E7sus4 | E7 |

           Am   G | F   G | E7sus4 | E7 |

           Am   G | F   G | E7sus4 | E7

Verse 3

‖**Am**   **G** |**F**
All the leaves are brown (all the leaves are brown)

      G |**E7sus4** |**E7**
And the sky is grey   (and the sky is grey).

F |**C**   **E7** |**Am**
I've been for a walk (I've been for a walk)

       F |**E7sus4** |**E7**
On a winter's day   (on a winter's day).

       |**Am**   **G** |**F**
If I didn't tell her (if I didn't tell   her)

     G |**E7sus4** |**E7**
I could leave today   (I could leave today).

     |**Am**   **G** |**F**   **G** |**Am**
California dreamin' (Cali - fornia dream - in') on such a winter's day.

    G |**F**   **G** |**Am**
(Cali - fornia dream - in') on such a winter's day.

    G |**F**   **G** |**F** | |**Am**   ‖
(Cali - fornia dream - in') on such a winter's day.

Catch the Wind

Words and Music by Donovan Leitch

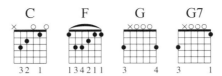

Verse 1

|C | |F |
In the chilly hours and minutes,

|C | |F | |
Of un - certainty,   I want to be

C | |F |G |C | |G7 |
In the warm   hold of your loving mind.

|C | |F |
To feel you all a - round me,

|C |F | |
And to take your hand a - long the sand,

C | |F |G |C | |G7 |
Ah, but I may as well try and catch the wind.

Verse 2

```
  ‖C        |              |F          |
When sundown    pales the sky,

          |C       |    |F          |        |
I want to hide a - while, behind your smile.

C                |    |F      |G       |C     |      |G7    |
And everywhere  I'd  look, your eyes I'd find.

    |C     |            |F        |
For me to     love you now,

              |C          |F              |           |
Would be the sweetest thing, 'twould make me sing,

C            |            |F    |G       |C     |      |G7     |
Ah, but I may as well try and catch the wind.
```

Verse 3

```
          ‖C       |              |F              |        |
When rain has    hung the leaves with tears,

C          |    |F        |         |
I want you near to kill my fears,

C            |            |F    |G       |C      |      |G7     |
To help me      to leave all my blues be - hind.

    |C     |            |F         |
For standing     in your heart

          |C      |    |F            |        |
Is where I want to be, and long to be,

C          |            |F    |G    |C      |          ‖
Ah, but I may as well  try and catch the wind.
```

13

City of New Orleans

Words and Music by
Steve Goodman

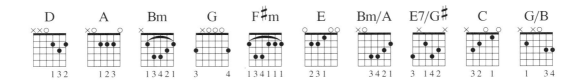

D   A   Bm   G   F#m   E   Bm/A   E7/G#   C   G/B

Intro

D | | | ||

Verse 1

D   A   D | |
Riding on the *City of New Or - leans,*
Bm |G |D | |
Illinois Central, Monday morning rail.
D   A |D |
Fifteen cars and fifteen restless rid - ers,
              |Bm |A |D |
Three con - ductors and twenty-five sacks of mail.
       |Bm |
All a - long the southbound odyssey,
       |F#m |
The train pulls out at Kan - kakee
      |A | |E | |
And rolls along past houses, farms, and fields.
Bm |
Passing trains that have no name
      |F#m |
And freight yards full of old   black men
      |A | |D | ||
And the graveyards of the rusted automobiles.

Chorus

G |A |D |
Good morning, A - merica; how are you?
  |Bm |G |D |
Said, don't you know me? I'm your native son.
D A |D |A |Bm   Bm/A |E7/G♯
 I'm the train they call the *City of New Or - leans.*
     |C G/B |A |D | | |
I'll be gone five hundred miles when the day is done.

Verse 2

       ‖D |A |D | |
Dealing cards with the old men in the club car.
Bm |G |D | |
Penny a point, ain't no one keeping score.
D |A |D | |
Pass the paper bag that holds the bot - tle.
Bm |A |D | |
Feel the wheels rumbling 'neath the floor.
    |Bm |
And the sons of Pullman porters
    |F♯m |
And the sons of engineers
     |A | |E | |
Ride their fathers' magic car - pets made of steel.
Bm | |
Mothers with their babes asleep
F♯m |
Rockin' to the gen - tle beat,
    |A | |D | ‖
And the rhythm of the rails is all they feel.

Repeat Chorus

15

Verse 3

```
       D                    |A              |D        |         |
       Nighttime  on  the  City  of New Or - leans,
       Bm             |G                   |D        |         |
       Changing  cars  in  Memphis,  Tennessee.
       D                    |A              |D        |
       Halfway  home  and  we'll  be  there  by  morning,
                       |Bm                 |A                   |D        |
       Through  the  Mississippi  darkness  rolling  down  to  the  sea.
          |Bm                |
       But  all  the  towns  and  people  seem
           |F♯m              |
       To  fade  into  a  bad     dream,
                |A           |                        |E           |
       And  the  steel  rails    still  ain't  heard  the  news.
                  |Bm                    |
       The  con - ductor  sings  his  songs    again;
           |F♯m                          |
       The  passengers  will  please    refrain.
            |A                          |              |D        |         ||
       This  train's  got  the  disappear - ing  railroad  blues.
```

Repeat Chorus

Eve of Destruction

Words and Music by
P.F. Sloan and Steve Barri

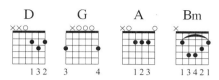

Verse 1

     ‖D   **|G**   **A**   **|**
The Eastern world,   it is ex - ploding,

D   **|G**   **A**
   Violence flaring,   and bullets load - ing.

     |D   **|G**   **A**
You're old enough to kill,   but not for voting.

     |D   **|G**   **A**
You don't believe in war, but what's that gun you're toting?

     |D   **|G**   **A**
And even the Jordan River has   bodies floating!

Chorus 1

     ‖D   **|**
But you   tell me

G   **A**   **|D**   **|Bm**
Over and o - ver and o - ver again, my friend,

     |G   **|A**
Ah, you don't believe we're on the eve

     |D   **|**   **|G**   **A**   **‖**
Of de - struction.

Verse 2

```
         D                               |G          A        |
Don't you understand what I'm  trying to say?
         D                       |G          A
Can't you feel the fears I'm  feeling to - day?
        |D                          |G          A
If the button is pushed, there's no  running away.
              |D                    |G              A
There'll be no one to save with the world in a grave.
              |D                    |G                A
Take a look around you, boy; it's bound to scare you, boy.
```

Chorus 2

```
            ‖D         |
And you   tell me
G         A       |D                      |Bm
Over and o - ver and o - ver again, my friend,
       |G                    |A
Ah, you don't believe we're on the eve
            |D          |        |G        |A          |D          |
Of de - struction.
```

Verse 3

```
            ‖D                 |G          A        |
Yeah, my blood's so mad, feels like coagu - lating.
D                       |G          A
I'm sitting here just   contem - plating.
       |D                       |G              A
I can't twist the truth; it knows no regu - lation.
       |D                           |G          A
A handful of senators don't pass legis - lation,
          |D                       |G          A
And marches alone can't bring inte - gration.
             |D                 |G          A
When human respect is disinte - grating,
          |D                 |G              A
This whole crazy world is just too frus - trating.
```

Repeat Chorus 2

Verse 4

‖D |G   A
And think of all the hate there is in Red Ch - ina.

       |D |G   A |
Then take a look around to Selma, Ala - bama.

D |G   A
You may leave here for four days in space,

      |D |G   A
But when you return, it's the same old place.

      |D |G   A
The pounding of the drums, the pride and disgrace,

        |D |G   A
You can bury your dead, but don't leave a trace.

        |D |G   A
Hate your next-door neighbor, but don't forget to say grace.

Chorus 3

       ‖D |
And tell me

G   A |D |Bm
Over and o - ver and o - ver and over again,   my friend,

    |G |A
You don't believe we're on the eve

       |D |
Of de - struction.

    |G |A
You don't believe we're on the eve

      |D | |G |D   ‖
Of de - struction.

Do You Believe in Magic

Words and Music by
John Sebastian

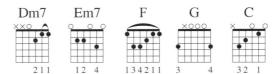

Intro

| Dm7 | Em7 | F | Em7 | Dm7 | Em7 | |

Verse 1

    F   G   C   F
Do you be - lieve in mag - ic in a young girl's heart,
       C   F
How the music can free her when - ever it starts?
       C   F
And it's magic, if the music is groovy.
       C   F
It makes you feel happy like an old-time movie.
    Dm7   Em7   F   Em7
I'll tell you 'bout the magic and it'll free your soul,
          G
But it's like tryin' to tell a stranger 'bout   rock-and-roll.

Verse 2

                      C   F
If you believe in mag - ic, don't you bother to choose
       C   F
If it's jug band music or rhythm and blues.
       C   F
Just go and listen; it'll start with a smile
        C   F
That won't wipe off your face no matter how hard you try.
    Dm7   Em7   F   Em7
Your feet start tappin' and you can't seem to find
       G
How you got there, so just   blow your mind.

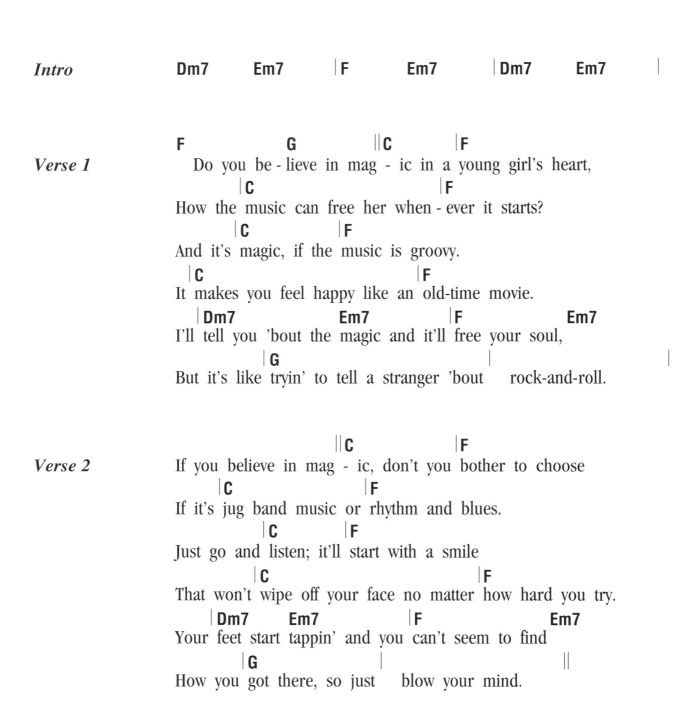

Interlude   F | |C | |

                F   Em7 |F   Em7 |G |

Verse 3

                      ||C |F
If you believe in mag - ic, come a - long with me.
      |C |F
We'll dance until morning till there's just you and me.
      |C |F
And maybe if the music is right,
      |C |F
I'll meet you tomorrow, sort of late at night.
       |Dm7   Em7 |F   Em7
And we'll go dancin', baby; then you'll see
         |G | ||
How the magic's in the music and the music's in me.

                F |

Outro   Yeah,
                    |C |
Do you believe in mag - ic?
    |F   Em7 |F   Em7
Be - lieve in the magic of a young girl's soul?
    |F   Em7 |F   Em7
Be - lieve in the magic of rock-and-roll?
    |F   Em7 |F   Em7 |G |
Be - lieve in the magic that can set you free?
    |F | |C |
Do you believe like I believe? Do you believe like I believe?
    |F | |C |
Do you believe like I believe? Do you believe like I believe?
    |F | |C | ||
Do you believe like I believe?

Doctor, My Eyes

Words and Music by
Jackson Browne

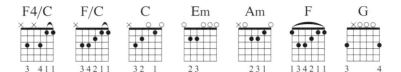

Intro |Fsus4/C |F/C |C | |Fsus4/C |F/C

Verse 1
||C |
Doctor, my eyes have seen the years
|Em | |Am
And the slow parade of fears without crying.
|F |C |
Now I want to under-stand.
|C |
I have done all that I could
|Em | |Am
To see the evil and the good without hid - ing.
|F |C |
You must help me if you can.

Chorus 1
||Am | |
Doctor, my eyes;
C |
Tell me what is wrong.
|Am |
Was I unwise
|G N.C. |F/C | |C | |F/C |
To leave them o - pen for so long?

Verse 2

||**C** |
'Cause I have wandered through this world

|**Em** | |**Am**
And as each moment has unfurled   I've been waiting

|**F** |**C** |
To awak - en from these dreams.

|**C** |
People go   just where they will;

|**Em** | |**Am**
I never noticed them un - til I got this feeling

|**F** |**C** |
That it's lat - er than it seems.

Chorus 2

||**Am** | |
Doctor, my eyes;

C |
Tell me what you see.

|**Am** |
I hear their cries;

|**G N.C.** |**Fsus4/C**| |**F/C** | |**C** |
Just say if it's   too late for me.

Chorus 3

||**Am** | |
Doctor, my eyes

C |
Cannot see the sky.

|**Am** |
Is this the prize

|**G N.C.** |**F/C** | |**C** | |
For having learned   how not to cry?

F/C | |**C** | |**F/C** | |**C** | ||

23

Get Together

Words and Music by
Chet Powers

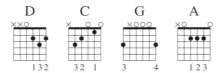

Verse 1

D | | |C | |
Love is but a song we sing, fear's the way we die.

D | | |C | |
You can make the mountains ring or make the angels cry.

D | | |C | ||
Though the bird is on the wing and you may not know why…

Chorus

G |A
Come on people now,   smile on your brother.

 |D |G   A |D | ||
Every-body get together, try to love one an-other right now.

Verse 2

D | | |C | |
Some may come and some may go, we shall surely pass

D | | |C | |
When the one that left us here returns for us at last.

D | | |C | ||
We are but a moment's sunlight fading in the grass.

Repeat Chorus (2X)

Verse 3

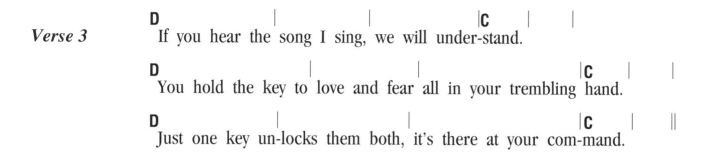

D | | |**C** | |
If you hear the song I sing, we will under-stand.

D | | |**C** | |
You hold the key to love and fear all in your trembling hand.

D | | |**C** | ||
Just one key un-locks them both, it's there at your com-mand.

Repeat Chorus

Outro-Chorus

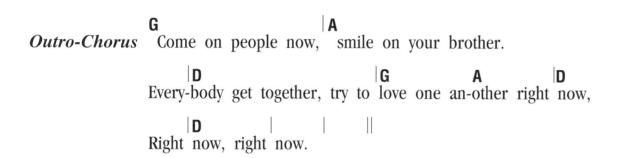

G |**A**
Come on people now, smile on your brother.

|**D** |**G** **A** |**D**
Every-body get together, try to love one an-other right now,

|**D** | | ||
Right now, right now.

Happy Together

Words and Music by
Garry Bonner and Alan Gordon

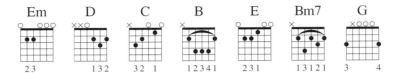

Verse 1

|Em | |
Imagine me and you, I do.
|D |
I think about you day and night; it's only right
|C |
To think about the girl you love and hold her tight,
|B |
So happy to - gether.

Verse 2

‖Em | |
If I should call you up, invest a dime,
|D |
And you say you be - long to me and ease my mind,
|C |
Imagine how the world could be, so very fine,
|B | ‖
So happy to - gether.

Chorus

```
E              |Bm7          |E
```
I can see me lovin' nobody but you
```
                 |G            |
```
For all my life.
```
E                |Bm7              |E
```
When you're with me, baby, the skies'll be blue
```
                 |G               ||
```
For all my life.

Verse 3

```
Em                          |
```
Me and you, and you and me,
```
                   |D                |
```
No matter how they toss the dice, it had to be.
```
                 |C               |
```
The only one for me is you, and you for me,
```
                 |B               |            ||
```
So happy to - gether.

Repeat Chorus

Repeat Verse 3

Interlude

```
E              |Bm7
```
Ba ba ba ba   ba
```
  |E           |G              |
```
Ba ba ba ba ba ba.
```
E              |Bm7
```
Ba ba ba ba   ba
```
  |E           |Bm7             |                ||
```
Ba ba ba ba ba ba.

Verse 4

Em
Me and you, and you and me,
                              |D |
No matter how they toss the dice, it had to be.
                            |C |
The only one for me is you, and you for me,
                |B |Em
So happy to - gether,
                |B |Em
So happy to - gether.
                 |B |Em
And how is the weather?
                |B |Em
So happy to - gether.
                 |B |Em
We're happy to - gether,
                |B |Em
So happy to - gether,
                |B |E ||
So happy to - gether.

Homeward Bound

Words and Music by
Paul Simon

(Capo 3rd fret)

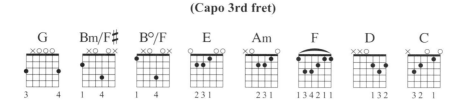

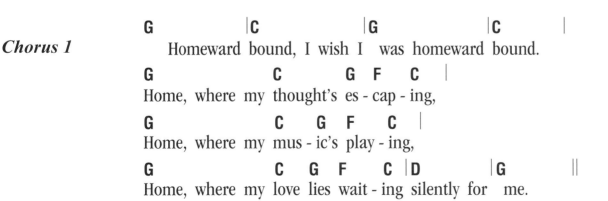

Verse 1

|G
I'm sittin' in the railway station,

|Bm/F♯ |B°/F |E |
Got a ticket for my destination.   Mm.

Am
On a tour of one-night stands,

|F
My suitcase and guitar in hand,

|G
And every stop is neatly planned

|D ||
For a poet and a one-man band.

Chorus 1

G |C |G |C |
    Homeward bound, I wish I   was homeward bound.

G   C   G F C |
Home, where my thought's es - cap - ing,

G   C   G F C |
Home, where my mus - ic's play - ing,

G   C   G F C |D |G ||
Home, where my love lies wait - ing silently for me.

Verse 2

    G
Every day's an endless dream
  |**Bm/F♯** |**B°/F** |**E**
Of cigarettes and magazines.   Mm.
    |**Am**
And each town looks the same to me,
   |**F**
The movies and the factories,
   |**G**
And every stranger's face I see
     |**D** ||
Reminds me that I long to be

Chorus 2

G |**C** |**G** |**C** |
   Homeward bound, I wish I was homeward bound.
G   **C**   **G** **F** **C** |
Home, where my thought's es - cap - ing,
G   **C** **G** **F**   **C** |
Home, where my mus - ic's play - ing,
G   **C** **G** **F** **C** |**D** |**G**
Home, where my love lies wait - ing silently for me

Verse 3

‖**G**

To - night I'll sing my songs again,

|**Bm/F♯** |**B°/F** |**E**

I'll play the game and pretend   Mm.

|**Am**

But all my words come back to me

|**F**

In shades of mediocrity.

|**G**

Like emptiness and harmony,

|**D**   ‖

I need someone to comfort me.

Repeat Chorus 1

Bm/F♯ |**B°/F** |**G**   **F C** |**G**   ‖

         Silently for   me.

Have You Ever Seen the Rain?

Words and Music by
John Fogerty

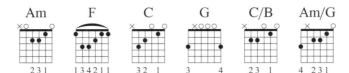

Intro   Am |F |C |G |C | ||

Verse 1

C | |
Someone told me long ago,

C | |G |
There's a calm before the storm, I know;

G |C | |
It's been coming for some time.

C | |
When it's over, so they say,

C | |G |
It'll rain a sun - ny day, I know;

G |C | ||
Shining down like water.

Chorus 1

F |G |C C/B |Am Am/G |
I want to know, have you ever seen the rain?

F |G |C C/B |Am Am/G |
I want to know, have you ever seen the rain

F |G |C | ||
Coming down on a sunny day?

Verse 2

```
C                          |              |
    Yesterday and days   before,
C                               |              |G         |
    Sun is cold and rain   is hard, I know;
G                    |C          |        |
Been that way for all   my time.
C              |            |
    Till forever, on   it goes,
C                          |              |G
    Through the circle, fast   and slow, I know;
    |G            |C         |          ||
And it can't stop, I won - der.
```

Chorus 2

```
F        |G            |C   C/B  |Am Am/G   |
    I want to know, have you ever seen the rain?
F        |G            |C   C/B  |Am Am/G   |
    I want to know, have you ever seen the rain
F            |G       |C          |          ||
Coming down   on a sunny day?         Yeah.
```

Chorus 3

```
F        |G            |C   C/B  |Am Am/G   |
    I want to know, have you ever seen the rain?
F        |G            |C   C/B  |Am Am/G   |
    I want to know, have you ever seen the rain
F            |G       |C          |G        |C    ||
Coming down   on a sunny day?
```

If I Were a Carpenter

Words and Music by
Tim Hardin

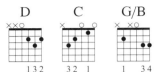

Verse 1

D   ‖C |
If I were a carpenter

G/B |D |
And you were a lady,

D |C |
Would you marry me anyway,

G/B |D | |
Would you have my baby?

D |C |
If a tinker were my trade,

G/B |D |
Would you still find me,

D |C |
Carrying the pots I'd made,

G/B |D | |C G/B |D   ‖
Following be - hind me?

Bridge

C |D |
Save my love through loneliness,

C |D |
Save my love for sorrow

D |C |
I've given you my ownliness;

G/B |D | | |
Come and give me your to - morrow.

Verse 2

```
D              ‖C              |
  If I worked my hands in wood
G/B          |D          |
  Would you still love me?
D                  |C          |
  Answer me, babe, "Yes, I would,
G/B          |D      |        |
  I'd put you a‑bove me."
D          |C      |
  If I were a miller
G/B              |D      |
  At a mill wheel grinding,
D                  |C          |
  Would you miss your colored blouse,
G/B              |D      |      |C    G/B  |D          ‖
  Your soft shoes shining?
```

Interlude

```
C        |G/B      |D      |        |C        |G/B      |D      |
```

Verse 3

```
D          ‖C          |
  If I were a carpenter
G/B              |D      |
  And you were a lady,
D                  |C          |
  Would you marry me anyway,
G/B                  |D      |      |        |      |
  Would you have my baby?
D                  |C          |
  Would you marry me anyway,
G/B                      |D      |      |C      |G/B  |D      |          ‖
  Would you have my baby?
```

Knockin' on Heaven's Door

Words and Music by
Bob Dylan

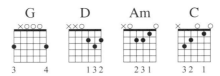

Verse 1

  G   **D** |**Am** |
Mama, take   this badge from me.

  G   **D** |**C** |
I can't use   it any more.

  G   **D** |**Am** |
It's gettin' dark,   too dark to see.

  G   **D** |**C** ||
Feels like I'm knockin' on heaven's door.

Chorus

  G   **D** |**C** |
Knock, knock, knockin' on heaven's door.

  G   **D** |**C** |
Knock, knock, knockin' on heaven's door.

  G   **D** |**C** |
Knock, knock, knockin' on heaven's door.

  G   **D** |**C** ||
Knock, knock, knockin' on heaven's door.

Verse 2

  G   **D** |**Am** |
Mama, put   my guns in the ground.

  G   **D** |**C** |
I can't shoot   them any more.

  G   **D** |**Am** |
That cold black cloud is comin' down.

  G   **D** |**C** ||
Feels like I'm knockin' on heaven's door.

Repeat Chorus (2x)

Lay Lady Lay

Words and Music by
Bob Dylan

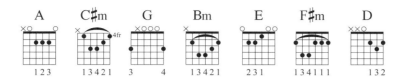

Intro   A   C♯m |G   Bm |A   C♯m |G   Bm   ‖

Verse 1

A   C♯m |
Lay, lady, lay,

G   Bm |A   C♯m |G   Bm |
Lay across my big brass bed.

A   C♯m |
Lay, lady, lay,

G   Bm |A   C♯m |G   Bm |
Lay across my big brass bed.

E   F♯m |A |
Whatever col - ors you have   in your mind,

E   F♯m |A |
I'll show them to you   and you'll see them shine.

A   C♯m |
Lay, lady, lay,

G   Bm |A   C♯m |G   Bm   ‖
Lay across my big brass bed.

Verse 2

```
A                 C♯m        |
Stay, lady, stay,

G                      Bm        |A    C♯m  |G    Bm      |
Stay with your man    awhile.

A                    C♯m        |
Until the break of        day,

G                      Bm        |A    C♯m  |G    Bm      |
Let me see you make him smile.

E                      F♯m        |A                      |
His clothes are dirt - y but his,    his hands are clean,

E                      F♯m          |A              |
And you're the best      thing that he's  ever seen.

A                 C♯m        |
Stay, lady, stay,

G                      Bm        |A    C♯m  |G    Bm      ||
Stay with your man    awhile.
```

Bridge

```
C♯m                              |E    F♯m  A          |
    Why wait any longer for the world to be - gin?

C♯m                              Bm  |A              |
    You can have your cake and eat it too.

C♯m                          |E    F♯m  A
    Why wait any longer for the one you   love

                    |C♯m          |Bm              ||
When he's stand   -   ing in front of you?
```

Verse 3

```
A              C♯m          |
Lay,  lady,  lay,

G              Bm        |A    C♯m  |G    Bm      |
Lay  across  my  big  brass  bed.

A              C♯m          |
Stay,  lady,  stay,

G                    Bm          |A   C♯m  |G    Bm      |
Stay  while  the  night     is  still  a - head.

E              F♯m          |A                    |
I  long  to  see      you  in  the  morning  light,

E                  F♯m          |A                    |
I  long  to  reach      for  you    in  the  night.

A              C♯m          |
Stay,  lady,  stay,

G                    Bm            |A   C♯m  |G    Bm      |
Stay  while  the  night     is  still  ahead.

A      Bm      |C♯m  D      |A              ||
```

Mr. Tambourine Man

Words and Music by
Bob Dylan

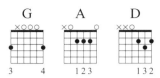

G   A   D

Chorus

  G |**A** |**D** |**G**
Hey, Mister Tam - bourine Man, play a song for me;
     |**D** |**G** |**A** | |
I'm not sleepy and there ain't no place I'm goin' to.
  G |**A** |**D** |**G**
Hey, Mister Tam - bourine Man, play a song for me;
   |**D** |**G** |**A** |**D** | ||
In the jingle jangle morning I'll come followin' you.

Verse

  G |**A** |**D** |**G**
Take me for a trip upon your magic swirlin' ship.
   |**D** |**G**
All my senses have been stripped
     |**D** |**G**
And my hands can't feel to grip
     |**D** |**G**
And my toes too numb to step;
   |**D** |**G** |**A** |
Wait only for my boot heels to be wanderin'.
   |**G** |**A** |**D** |**G**
I'm ready to go anywhere, I'm ready for to fade
   |**D** |**G**
On - to my own pa - rade.
     |**D** |**G**
Cast your dancing spell my way;
   |**G** |**A** | ||
I promise to go under it.

Repeat Chorus

Return of the Grievous Angel

Words and Music by
Gram Parsons and Thomas S. Brown

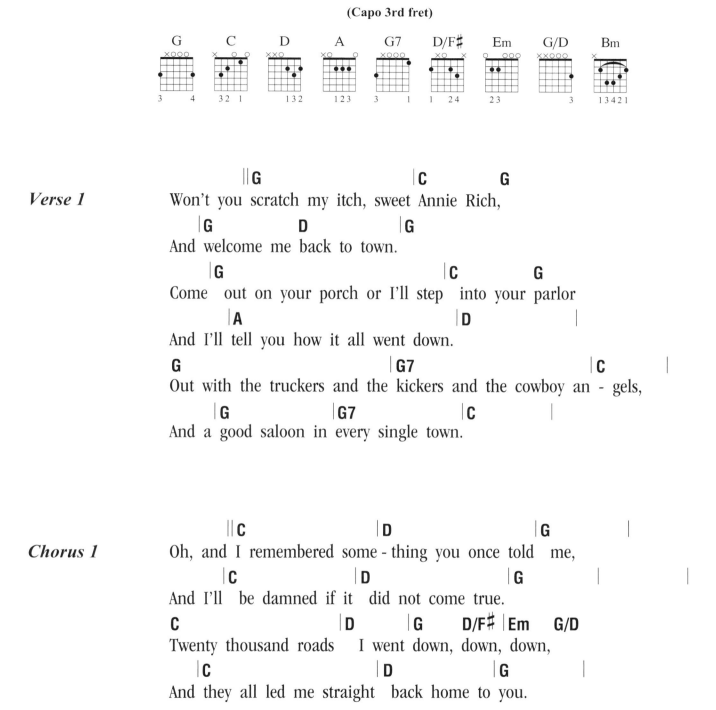

(Capo 3rd fret)

Verse 1

‖G |C   G

Won't you scratch my itch, sweet Annie Rich,

|G   D |G

And welcome me back to town.

|G |C   G

Come   out on your porch or I'll step   into your parlor

|A |D |

And I'll tell you how it all went down.

G |G7 |C |

Out with the truckers and the kickers and the cowboy an - gels,

|G |G7 |C |

And a good saloon in every single town.

Chorus 1

‖C |D |G |

Oh, and I remembered some - thing you once told   me,

|C |D |G | |

And I'll   be damned if it   did not come true.

C |D |G   D/F♯ |Em   G/D

Twenty thousand roads   I went down, down, down,

|C |D |G |

And they all led me straight   back home to you.

Bridge 1

|| **Bm** | **C**   **D** | **G** |

'Cause I headed west to grow up with the coun - try,

| **Em** | **D** | **G** |

A - cross those prairies with those waves of grain.

| **Bm** | **C**   **D** | **G**

And I saw my devil, and I saw my deep blue sea.

| **C** | **D** | **C**   **D** | **G** | ||

And I thought about a calico bonnet from Cheyenne to Tennesee.

Verse 2

G | **C**   **G** |

We flew straight across that river bridge,

G   **D** | **G**

Last night, half past two.

| **G** | **C**   **G**

Switch - man waved his lantern goodbye and good day

| **A** | **D**

As we went rolling through.

| **G** | **G7** | **C** |

Bill - boards and truckstops pass by the grievous an - gel,

| **G** | **D7** | **G** |

And now I know just what I have to do.

Bridge 2

|| **Bm** | **C**   **D** | **G** |

And the man on the radio won't leave me alone.

| **Em** | **D** | **G** |

He wants to take my money for some - thing that I've never been shown.

| **Bm** | **C**   **D** | **G**

And I saw my devil, and I saw my deep blue sea.

| **C** | **D** | **C**   **D** | **G** |

And I thought about a calico bonnet from Cheyenne to Tennesee.

Verse 3

```
      ‖G                          |C            G
The news    I could bring I met up  with the king;
      |G          D            |G
On his head, an am - phetamine crown.
      |G                          |C            G
Talked   about unbuckling that old   Bible belt
        |A                          |D            |
And lighted out for some desert town.
G                              |G7                    |C            |
Out with the truckers and the kickers and the cowboy an - gels,
      |G              |G7            |C            |
And a good saloon in every single town.
```

Chorus 2

```
      ‖C                |D                  |G            |
Oh, but I remembered some - thing you once told   me,
        |C            |D            |G            |            |
And I'll   be damned if it   did not come true.
C                          |D      |G      D/F♯ |Em    G/D
Twenty thousand roads    I went down, down, down,
      |C                      |D              |G            |            |
And they all lead me straight   back home to you.
C                          |D      |G      D/F♯ |Em    G/D
Twenty thousand roads    I went down, down, down,
      |C                      |D              |G            |   D   G   ‖
And they all lead me straight   back home to you.
```

Morning Has Broken

Musical Arrangement by Cat Stevens
Words by Eleanor Farjeon

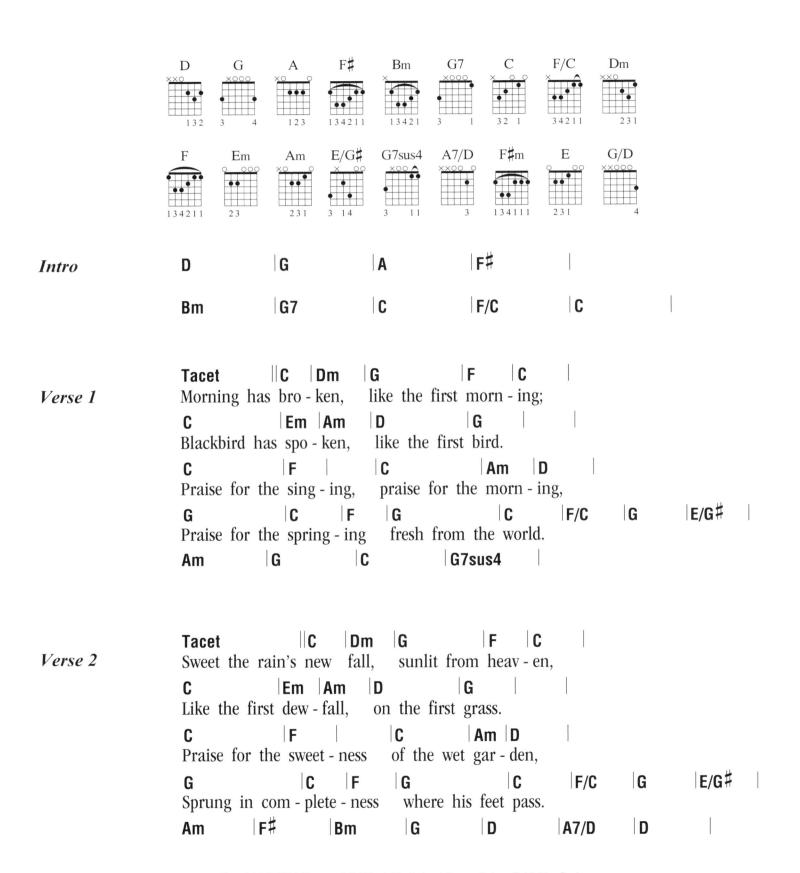

Intro

D |G |A |F♯ |

Bm |G7 |C |F/C |C |

Verse 1

Tacet   ‖C |Dm |G |F |C |
Morning has bro - ken,   like the first morn - ing;
C |Em |Am |D |G | |
Blackbird has spo - ken,   like the first bird.
C |F | |C |Am |D |
Praise for the sing - ing,   praise for the morn - ing,
G |C   F |G | |C |F/C   G |E/G♯ |
Praise for the spring - ing   fresh from the world.
Am |G |C |G7sus4 |

Verse 2

Tacet   ‖C |Dm |G |F |C |
Sweet the rain's new fall,   sunlit from heav - en,
C |Em |Am |D |G | |
Like the first dew - fall,   on the first grass.
C |F | |C |Am |D |
Praise for the sweet - ness   of the wet gar - den,
G |C   F |G | |C |F/C   G |E/G♯ |
Sprung in com - plete - ness   where his feet pass.
Am |F♯ |Bm |G |D |A7/D |D |

Verse 3

Tacet ‖D |Em |A |G |D |
Mine is the sun - light,   mine is the morn - ing,

D |F♯m |Bm |E |A | |
Born of the one   light, Eden saw play.

D |G | |D |Bm |E |
Praise with e - la - tion,   praise every morn - ing,

A |D |G |A |D |G/D |A |F♯ |
God's recre - a - tion   of the new day.

Bm |G7 |C |F/C |C |

Verse 4

Tacet ‖C |Dm |G |F |C |
Morning has bro - ken,   like the first morn - ing,

C |Em |Am |D |G | |
Blackbird has spo - ken,   like the first bird.

C |F | |C |Am |D |
Praise for the sing - ing,   praise for the morn - ing,

G |C |F |G |C |F/C |G |E/G♯ |
Praise for the spring - ing   fresh from the world.

Am |F♯ |Bm |G |D |A7/D |D ‖

Reason to Believe

Words and Music by
Tim Hardin

G   C   D   A   Em

Verse 1

N.C. | |G |
If I listened long enough to you,
G |C |D |G | |
  I'd find a way to be - lieve, that it's all true,
A | |D |C |G |
Knowing   that you lied, straight - faced while I cried.
|Em |C |D |
Still I look to find a rea - son to be - lieve.

Chorus 1

||C |D
Someone like you makes it hard to live
|Em |D |
With - out   somebody else.
|C |D |
Someone like you makes it easy to give,
Em |D | ||
  Never think a - bout myself.

Verse 2

G |D |G |
If I gave you time to change my mind,
G |C |D |G | |
  I'd find a way just to leave the past be-hind,
A | |D |C |G |
Knowing   that you lied, straight - faced while I cried.
|Em |C |D | ||
Still I look to find a rea - son to be - lieve.

Interlude   **C** |**D** |**Em** |**D** | |

                  C |**D** |**Em** |**D** | ||

                  G |**D** |**G** |

Verse 3   If I listened long enough to you,

                  G |**C** |**D** |**G** | |

             I'd find a way to be - lieve, that it's all true,

                  A | |**D** |**C** |**G** |

             Knowing   that you lied, straight - faced while I cried.

                      |**Em** |**C** |**D** |

             Still I look to find a rea - son to be - lieve.

                      ||**C** |**D**

Chorus 2   Someone like you makes it hard to live

                   |**Em** |**D** |

             With - out   somebody else.

                   |**C** |**D** |

             Someone like you makes it easy to give,

                  Em |**D** | ||

             Never think a - bout myself.

Repeat Chorus 2

Redemption Song

Words and Music by
Bob Marley

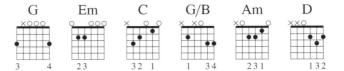

Verse 1

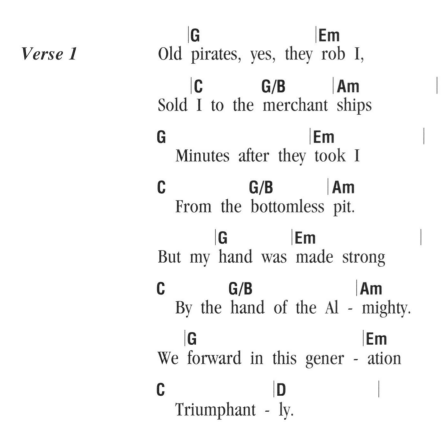

|G |Em
Old pirates, yes, they rob I,

  |C   G/B |Am |
Sold I to the merchant ships

G |Em |
  Minutes after they took I

C   G/B |Am
  From the bottomless pit.

      |G |Em |
But my hand was made strong

C   G/B |Am
  By the hand of the Al - mighty.

  |G |Em
We forward in this gener - ation

C |D |
  Triumphant - ly.

Chorus

  D   ‖G |
  Won't you help to sing

  C   D |G
  These songs of freedom?

     |C D |Em |
  'Cause all I ever have,

  C   D |G |
  Re - demption songs,

  C   D |G |C   D
  Re - demption songs.

Verse 2

     ‖G |Em
  Emanci - pate yourselves from mental slavery.

     |C   G/B |Am
  None but our - selves can free our minds.

    |G |Em
  Have no fear for atomic energy,

     |C   G/B |D
  'Cause none of them can stop the time.

   |G |Em
  How long shall they kill our prophets

    |C   G/B |Am
  While we stand a - side and look? Ooh.

   |G |Em
  Some say it's just a part of it;

   |C   G/B |D |
  We've got to ful - fill the book.

Repeat Chorus

Repeat Verse 2

Repeat Chorus

Society's Child

Words and Music by
Janis Ian

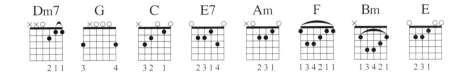

Verse 1

Dm7 |**G** |
Come to my door, baby,

Dm7 |**G** |
Face is clean and shining black as night.

Dm7 |**G** |**Dm7** |**G**
My mother went to answer, you know, that you looked so fine.

    |**C** | |
Now I could understand your tears and your shame.

E7 | |
She called you "boy" in - stead of your name

Am | **G** |
When she wouldn't let you inside,

F | |**G** |
When she turned and said,   "But honey, he's not our kind."

Chorus 1

       ||**Bm** |**E7** |
She says I can't see you any-more, baby.

Bm |**E7** ||
Can't see you any-more.

Verse 2

Dm7 |G |
Walk me down to school, baby.

Dm7 |G |
Everybody's acting deaf and blind,

Dm7 |G |Dm7 |G
Until they turn and say, "Why don't you stick to your own kind?"

    |C | |
My teachers all laugh, their smirking stares

E7 | |
Cutting deep down in our affairs.

Am | G|
Preachers of e - quality,

F | |G |
Think they believe it; then why   won't they just let us be?

Chorus 2

          ||Bm |E7 |
They say I can't see you any-more, baby.

Bm |E7 ||
Can't see you any-more.

Verse 3

Dm7   **|G** |
One of these days I'm gonna stop my listening, gonna

Dm7   **|G** |
Raise my head up high.

Dm7   **|G**   **|Dm7**   **|G** |
One of these days I'm gonna raise my glistening wings and fly.

C | |
But that day will have to wait for a while.

E7 | |
Baby, I'm only so‑ciety's child.

Am | **G**|
When we're older things   may change,

F | **|G** |
But for now this is   the way they must remain.

Chorus 3

    ||Bm   **|E7** |
I say, I can't see you any‑more, baby.

Bm   **|E7**
Can't see you any‑more.

  |Am   **|G**   **|F**   **|E** ||
No, I don't wanna see you any‑more, baby.

The Sound of Silence

Words and Music by
Paul Simon

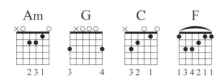

Am	G	C	F

Intro

Am |

Verse 1

Am ||G |
Hello, darkness, my old friend;
G |Am |
I've come to talk with you a - gain,
Am   C |F   C |
Because a vision softly creeping
C |F   C |
Left it's seeds while I was   sleeping,
C |F | |C
And the vision that was planted in my brain
      |C Am |C |G |Am |
Still re - mains   within the sound of silence.

Verse 2

Am ||G |
In restless dreams I walked a - lone,
G |Am |
Narrow streets of cobble - stone.
Am   C |F   C |
'Neath the halo of a streetlamp,
C |F   C |
I turned my collar to the cold and damp,
C |F | |C
When my eyes were stabbed by the flash of a neon light
     |C Am |C |G |Am |
That split the night   and touched the sound of silence.

Verse 3

```
Am                        ‖G        |
    And  in  the  naked  light  I  saw
G                              |Am         |
    Ten  thousand  people,  maybe  more.
Am        C          |F      C          |
    People  talking  without    speaking,
C                          |F      C          |
    People  hearing  without    listening,
C              |F        |              |C
    People  writing  songs  that  voices  never  share,
           |C    Am   |C          |G      |Am          |
And  no  one  dare        disturb  the  sound  of  silence.
```

Verse 4

```
Am                        ‖G        |
    "Fools!"  said  I,  "You  do  not  know
G                  |Am         |
    Silence  like  a  cancer  grows.
Am        C              |F      C          |
    Hear  my  words  that  I  might    teach  you;
C                              |F      C          |
    Take  my  arms  that  I  might    reach  you."
C        |F        |              |C          |        Am
    But  my  words  like  silent  raindrops  fell,
   |C          |G    |Am          |
And  echoed  in  the  wells  of  silence.
```

Verse 5

```
Am                              ‖G              |
    And  the  people  bowed  and  prayed
G                          |Am              |
    To  the  neon  god  they  made.
Am          C              |F          C          |
    And  the  sign  flashed  out  its    warning
C                          |F          C          |
    In the words that it was    forming,
C                          |F
    And  the  signs  said,  "The  words  of  the  prophets
    |F                          |C              |          Am
Are  written  on  the  subway  walls    and tenement halls"
    |C              |G      |Am          |              ‖
And  whispered  in  the  sounds  of  silence.
```

Summer Breeze

Words and Music by
James Seals and Dash Crofts

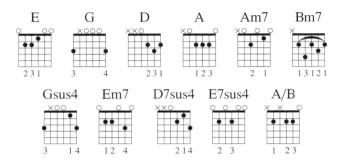

Verse 1

E   G
See the curtains hang - ing in the window

D   A |E Am7 |
In the evening on a Friday night.

E   G
A little light a shin - ing through the window

D   A |E ||
Lets me know every-thing's alright.

Chorus

Am7 |Bm7
  Summer breeze makes me feel fine,

Am7 |G | Gsus4 G |
Blowin' through the jasmine in my mind.

Am7 |Bm7
  Summer breeze makes me feel fine,

Am7 |G | Gsus4 G |Em7 Am7 ||
Blowin' through the jasmine in my mind.

Verse 2

     E   **G**   **|**
See the paper lay - ing on the sidewalk,

D   **A**   **|E Am7 |**
A little music from the house next door.

E   **G**   **|**
So I walk on up to the doorstep,

D   **A**   **|E**   **||**
Through the screen and a-cross the floor.

Repeat Chorus

Bridge

     Em7   **Am7**   **|Em7**   **Am7**   **|**
Sweet days of summer, the jasmine's in bloom,

Em7 **Am7**   **|Em7**   **Am7**
July is dressed up and playing her tune.

                |D7sus4   **|E7sus4**
When I come home from a hard   day's work

               |D7sus4   **|E7sus4**   **|A/B**   **||**
And you're waiting there, not a care   in the world.

Verse 3

     E   **G**   **|**
See the smile a wait - ing in the kitchen,

D   **A**   **|E Am7 |**
Food cooking and the plates for two.

E   **G**   **|**
Feel the arms that reach out to hold me

D   **A**   **|E**   **||**
In the evening when the day is through.

Repeat Chorus

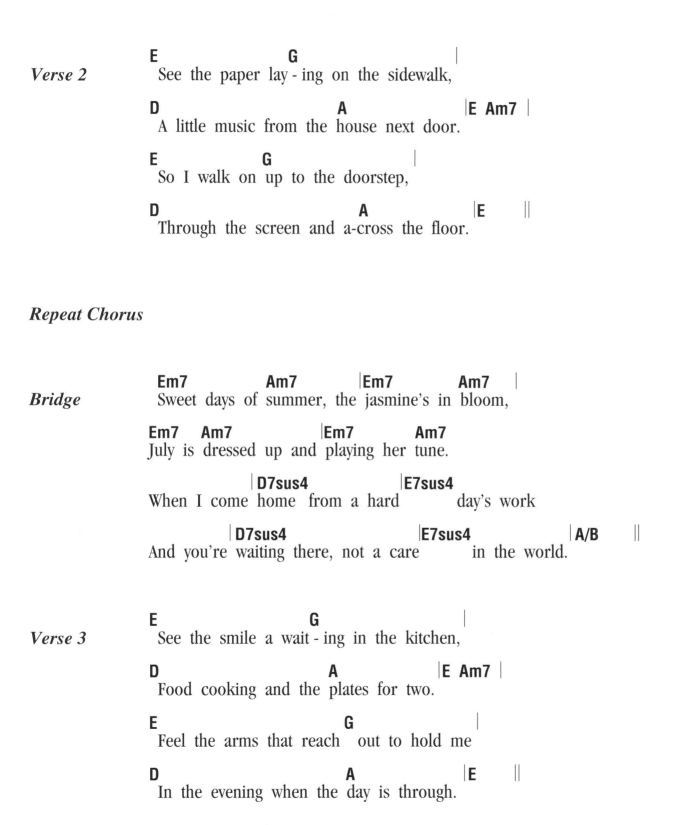

Sunshine
(Go Away Today)

Written by
Jonathan Edwards

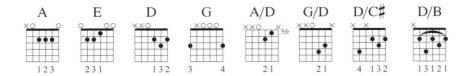

Intro   A | ||

Verse 1

A |
Sunshine go a - way today;

|A |E |
I don't feel much like dancing.

A |
Some man's gone, he's tried to run my life;

|A |D |
He don't know what he's asking.

Verse 2

||A |
When he tells me I better get in line,

|A |E
I can't hear what he's saying.

|A |
When I grow up I'm gonna make it mine

|A |D | ||
Or these ain't dues I been paying.

Bridge

D | **A Tacet**
How much does it cost?   I'll buy it.

| **D** | **A Tacet**
The time is all we've lost;   I'll try it.

| **D** | **A**
'N' he can't even run   his own life;

| **G** | **E** | ||
I'll be damned if he'll run mine!   Sunshine.

Repeat Verse 1

Verse 4

A |
Workin' starts to make me wonder where

| **A** | **E** |
The fruits of what I do are going.

A |
He says in love and war all is fair,

| **A** | **D** | ||
But he's got cards he ain't showing.

Repeat Bridge

Verse 5

A |
Sunshine, come on back an - other day

| **A** | **E** |
I promise you I'll be singing.

A | |
This old world, she's gonna turn around;

A | **D** | ||
Brand-new bells will be ringing.

Outro   **D   A/D   G/D** | **D   D/C♯   D/B** | **A** ||

Suzanne

Words and Music by Leonard Cohen

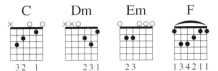

Verse 1

|C | |
Su - zanne takes you down to her

C |
Place by the river,

    |Dm |
You can hear the boats go by.

    |Dm |
You can spend the night for - ever,

        |C |
And you know that she's half crazy,

        |C |
And that's why you want to be there.

        |Em |
And she feeds you tea and oranges

        |F |
That came all the way from China.

    |C |
And just when you want to tell her

        |C |
That you have no love to give her,

    |Dm |
She gets you on her wavelength,

    |Dm |
And lets the river answer

            |C | | |
That you've always been her lover.

Chorus 1

|‖**Em** |
And you want to travel with her,

|**F** |
And you want to travel blind.

|**C** |
And you think you maybe trust her,

|**Dm** | |**C** | | |
'Cause she's touched your perfect body with her mind.

Verse 2

|‖**C** |
And Jesus was a sailor

|**C** |
When he walked upon the water.

|**Dm** |
And he spent a long time watching

|**Dm** |
From a lonely wooden tower.

|**C** |
And when he knew for certain

|**C** |
Only drowning men could see him,

|**Em** |
He said, "All men shall be sailors, then,

|**F** |
Un - til the sea shall free them."

|**C** |
But he himself was broken

|**C** |
Long be - fore the sky would open.

|**Dm** |
For - saken, almost human,

|**Dm** | |**C** | | |
He sank beneath your wisdom like a stone.

Chorus 2

‖**Em**
And you want to travel with him,

|**F**
And you want to travel blind.

|**C** |
And you think maybe you'll trust him,

|**Dm** | |**C** | | |
For he's touched your perfect body with his mind.

Verse 3

‖**C** | |
Su - zanne takes you down to her

C |
Place near the river,

|**Dm** |
You can hear the boats go by.

|**Dm** |
You can spend the night for - ever,

|**C** |
And the sun pours down like honey

|**C** |
On our lady of the harbour.

|**Em** |
And she shows you where to look

|**F** |
Amid the garbage and the flowers.

|**C** |
There are heroes in the seaweed,

|**C** |
There are children in the morning.

|**Dm** |
They are leaning out for love,

|**Dm** |
And they will lean that way for - ever

|**C** | | |
While Suzanne holds her mirror.

Chorus 3

‖**Em** |
And you want to travel with her,

|**F** |
And you want to travel blind.

|**C** |
And you know that you can trust her,

|**Dm** | |**C** | | | ‖
For you've touched her perfect body with your mind.

Take Me Home, Country Roads

Words and Music by
John Denver, Bill Danoff and Taffy Nivert

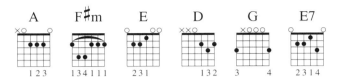

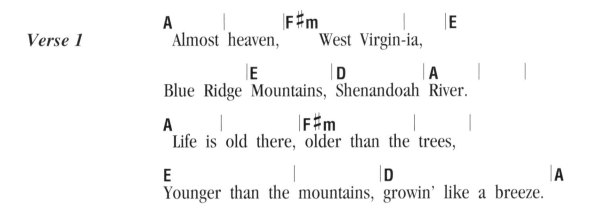

Verse 1

A | |F♯m | |E

Almost heaven,   West Virgin-ia,

|E |D |A | |

Blue Ridge Mountains, Shenandoah River.

A | |F♯m | |

Life is old there, older than the trees,

E | |D |A

Younger than the mountains, growin' like a breeze.

Chorus

‖A | |E |

Country roads, take me home

|F♯m| |D |

To the place I be-long:

|A | |E |

West Vir-ginia, mountain momma,

|D | |A | ‖

Take me home, country roads.

Verse 2

A | |F♯m | |E
All my memories gather 'round her,

|E |D |A | |
Miner's lady, stranger to blue water.

A | |F♯m | |
Dark and dusty, painted on the sky,

E | |D |A
Misty taste of moonshine, teardrop in my eye.

Repeat Chorus

Interlude

F♯m |E |A |
I hear her voice, in the mornin' hour she calls me,

|D |A |E |
The radio re-minds me of my home far a-way,

|F♯m |G |D
And drivin' down the road I get a feelin'

|A |E | |E7 |
That I should have been home yesterday, yester-day.

Outro-Chorus

||A | |E |
Country roads, take me home

|F♯m | |D |
To the place I be-long:

|A | |E |
West Vir-ginia, mountain momma,

|D | |A |
Take me home, country roads.

|E | |A |
Take me home, country roads,

|E | |A | ||
Take me home, country roads.

Teach Your Children

Words and Music by Graham Nash

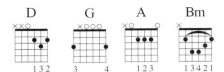

Verse 1

D |G
You who are on the road

      |D |A
Must have a code that you can live by.

|D |G
And so become your - self,

      |D |A ||
Because the past is just a goodbye.

Chorus 1

D |G
Teach your children well,

      |D |A
Their father's hell did slowly go by.

|D |G
And feed them on your dreams,

      |D |A |
The one they pick's the one you'll know by.

D |G
 Don't you ever ask them why,

           |D
If they told you, you would cry,

        |Bm |G   A
So just look at them and sigh

      |D |G |D |A
And know they love you.

Verse 2

 ‖**D** |**G**
And you, of the tender years

      |**D** |**A**
Can't know the fears that your elders grew by.

   |**D** |**G**
And so please help them with your youth,

    |**D** |**A**   ‖
They seek the truth before they can die.

D |**G**

Chorus 2

Teach your parents well,

     |**D** |**A**
Their children's hell did slowly go by.

  |**D** |**G**
And feed them on your dreams,

    |**D** |**A** |
The one they pick's the one you'll know by.

D |**G**
 Don't you ever ask them why,

       |**D**
If they told you, you would cry,

     |**Bm** |**G** **A**
So just look at them and sigh

    |**D** |**G** |**D** **A** |**D** ‖
And know they love you.

Time in a Bottle

Words and Music by
Jim Croce

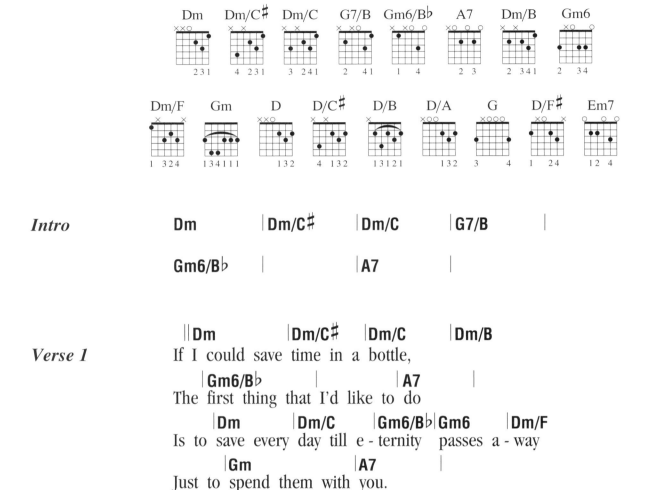

Intro

| Dm | |Dm/C♯ | |Dm/C | |G7/B | |

| Gm6/B♭ | | | |A7 | |

Verse 1

||Dm |Dm/C♯ |Dm/C |Dm/B
If I could save time in a bottle,
 |Gm6/B♭ | |A7 |
The first thing that I'd like to do
 |Dm |Dm/C |Gm6/B♭|Gm6 |Dm/F
Is to save every day till e - ternity passes a - way
 |Gm |A7 |
Just to spend them with you.

Verse 2

||Dm |Dm/C♯ |Dm/C |Dm/B
If I could make days last for - ever,
 |Gm6/B♭ | |A7 |
If words could make wishes come true,
 |Dm |Dm/C |Gm6/B♭ |Gm6 |Dm/F
I'd save every day like a treasure and then a - gain
 |Gm |A7 |
I would spend them with you.

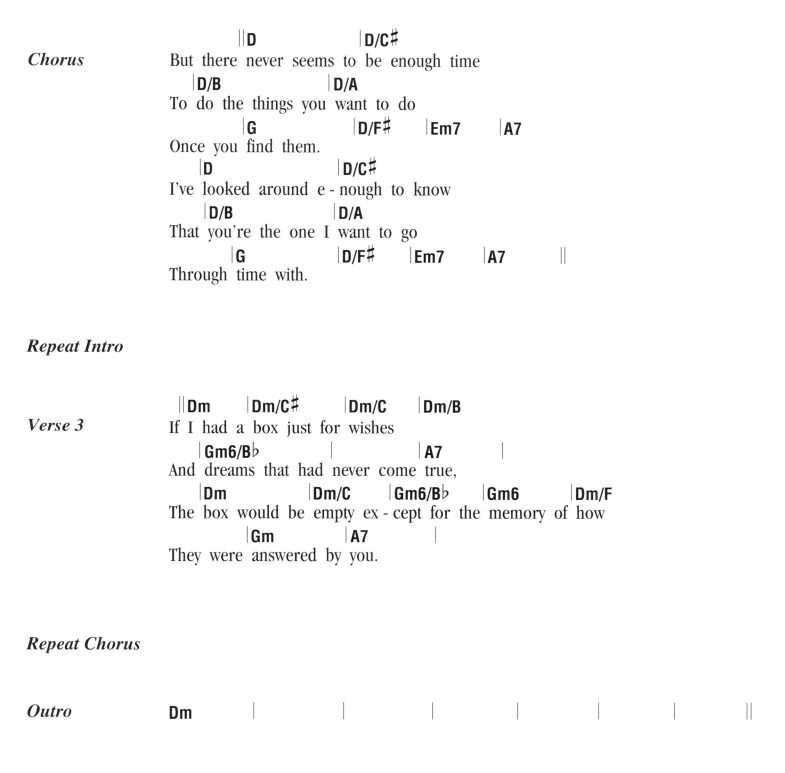

Chorus

        ‖D |D/C♯
But there never seems to be enough time
     |D/B |D/A
To do the things you want to do
         |G |D/F♯ |Em7 |A7
Once you find them.
     |D |D/C♯
I've looked around e - nough to know
      |D/B |D/A
That you're the one I want to go
        |G |D/F♯ |Em7 |A7   ‖
Through time with.

Repeat Intro

Verse 3

      ‖Dm |Dm/C♯ |Dm/C |Dm/B
If I had a box just for wishes
    |Gm6/B♭ | |A7 |
And dreams that had never come true,
    |Dm |Dm/C |Gm6/B♭ |Gm6 |Dm/F
The box would be empty ex - cept for the memory of how
       |Gm |A7 |
They were answered by you.

Repeat Chorus

Outro   Dm | | | | | | ‖

Turn! Turn! Turn!
(To Everything There Is a Season)

Words from the Book of Ecclesiastes
Adaptation and Music by Pete Seeger

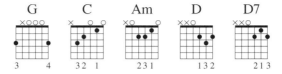

Chorus

|G   C |G   Am |
To every-thing, turn, turn, turn,

|G   C |G   Am |
There is a season, turn, turn, turn,

|D |D7
And a time to every purpose

|G |
Under heaven.

Verse 1

||D7 |G
A time to be born, a time to die,

|D7 |G
A time to plant, a time to reap,

|D7 |G
A time to kill, a time to heal,

|C |D7 |G |
A time to laugh, a time to weep.

Repeat Chorus

Verse 2

```
                    ‖D7                    |G
      A time to build up, a time to break down,

                    |D7             |G        |
      A time to dance, a time to mourn,

      D7                       |G
      A time to cast away stones,

                    |C      |D7       |G        |
      A time to gather stones to - gether.
```

Repeat Chorus

Verse 3

```
                    |D7             |G
      A time of war, a time of peace,

                    |D7               |G
      A time of love, a time of hate,

      D7                       |G
      A time you may em - brace,

       |C           |D7             |G          |
      A time to re - frain from em - bracing.
```

Repeat Chorus

Verse 4

```
                    ‖D7             |G
      A time to gain, a time to lose,

                    |D7             |G
      A time to rend, a time to sew,

                    |D7             |G
      A time of love, a time of hate,

               |C        |D7             |G     |        ‖
      A time for peace, I swear it's not too late.
```

You've Got to Hide Your Love Away

Words and Music by
John Lennon and Paul McCartney

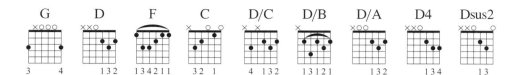

Verse 1

```
G      D    |F     G    |
Here I stand,  head in hand,
C              |F     C    |
Turn my face to the wall.
G      D    |F     G    |
If she's gone I can't go on,
C          |F     C     D   ||
Feeling two foot small.
```

Verse 2

```
G      D    |F     G    |
Every - where people stare,
C          |F     C    |
Each and every day.
G      D    |F     G    |
I can see them laugh at me,
C              |F     C   |D    D/C  |D/B   D/A  ||
And I hear them say:
```

Chorus

```
G            |C        |Dsus4  D    |Dsus2   D        |
"Hey, you've got to hide your love a - way!"
G            |C        |Dsus4  D    |Dsus2   D         ||
"Hey, you've got to hide your love a - way!"
```

Verse 3

```
        G       D |F    G      |
How can I   even  try?
C          |F   C      |
I can never win.
G      D  |F    G       |
Hearing them, seeing them
C            |F    C   |D          ||
In the state I'm in.
```

Verse 4

```
        G       D |F    G      |
How could she say to me
C              |F    C   |
"Love will find a way?"
G     D   |F     G       |
Gather 'round, all you clowns,
C              |F    C    |D    D/C   |D/B  D/A    ||
Let me hear you say:
```

Repeat Chorus

Outro

```
        G    D   |F    G    |C          |F    C     |
        G    D   |F    G    |C          |F    C    |G        ||
```

Wild World

Words and Music by
Cat Stevens

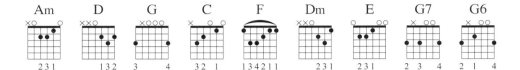

Intro

Am	D	G	C

La la la la la la la la la la.   La la la la la la la la la la.

F	Dm	E	

La la la la la la la la la la la la.

Verse 1

Am	D	G

Now that I've lost everything to you,

C	F

You say you wanna start something new,

Dm	E	

And it's breakin' my heart you're leaving. Baby, I'm grieving.

Am	D	G

But if you want to leave, take good care.

C	F

Hope you have a lot of nice things to wear,

Dm	E G	G7 G6 G

But then a lot of nice things turn bad out there.

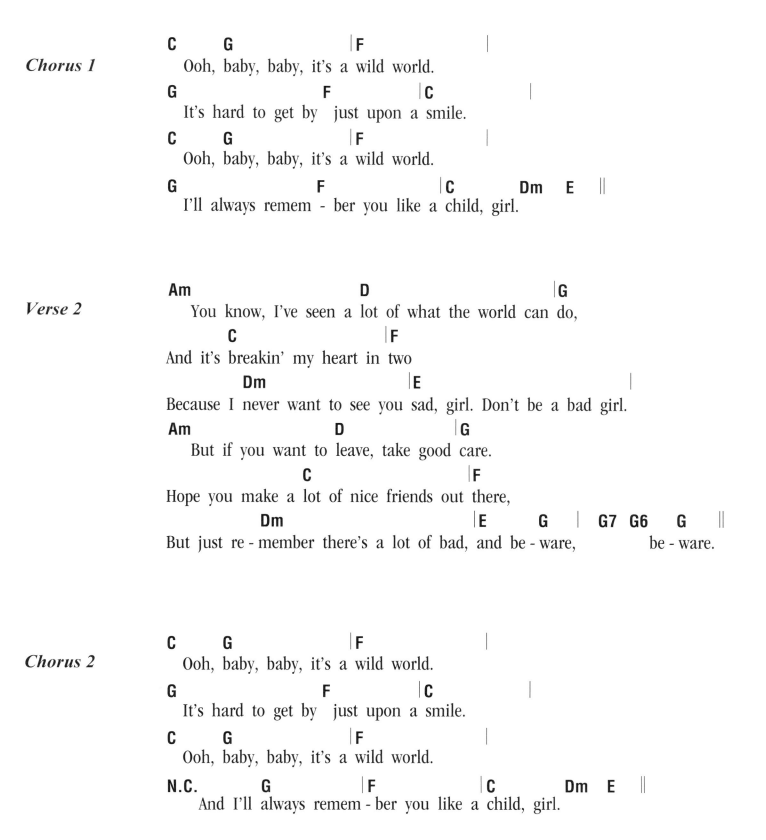

Chorus 1

```
     C       G              |F           |
     Ooh,  baby,  baby,  it's  a  wild  world.
     G                    F         |C            |
     It's  hard  to  get  by   just  upon  a  smile.
     C       G              |F           |
     Ooh,  baby,  baby,  it's  a  wild  world.
     G                    F            |C         Dm    E   ||
     I'll  always  remem - ber  you  like  a  child,  girl.
```

Verse 2

```
         Am                   D                 |G
         You  know,  I've  seen  a  lot  of  what  the  world  can  do,
              C                    |F
     And  it's  breakin'  my  heart  in  two
                Dm                  |E                          |
     Because  I  never  want  to  see  you  sad,  girl.  Don't  be  a  bad  girl.
         Am               D            |G
         But  if  you  want  to  leave,  take  good  care.
                   C                    |F
     Hope  you  make  a  lot  of  nice  friends  out  there,
                Dm                        |E       G    |  G7  G6   G     ||
     But  just  re - member  there's  a  lot  of  bad,  and  be - ware,          be - ware.
```

Chorus 2

```
     C       G              |F           |
     Ooh,  baby,  baby,  it's  a  wild  world.
     G                    F         |C            |
     It's  hard  to  get  by   just  upon  a  smile.
     C       G              |F           |
     Ooh,  baby,  baby,  it's  a  wild  world.
     N.C.      G           |F          |C         Dm    E   ||
         And  I'll  always  remem - ber  you  like  a  child,  girl.
```

Verse 3

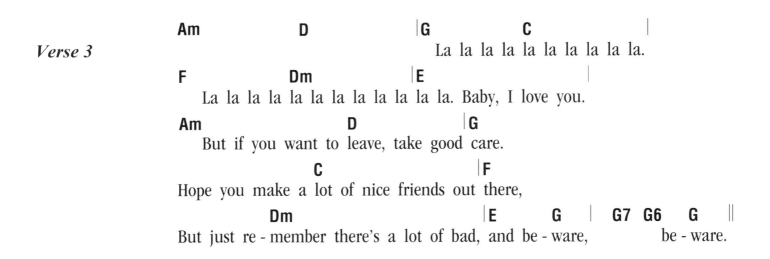

Am   D |G   C |
                           La la la la la la la la la la.

F   Dm |E |
  La la la la la la la la la la la. Baby, I love you.

Am   D |G
  But if you want to leave, take good care.

                 C |F
Hope you make a lot of nice friends out there,

            Dm |E   G | G7 G6 G ‖
But just re - member there's a lot of bad, and be - ware,   be - ware.

Repeat Chorus 2

Chorus 3

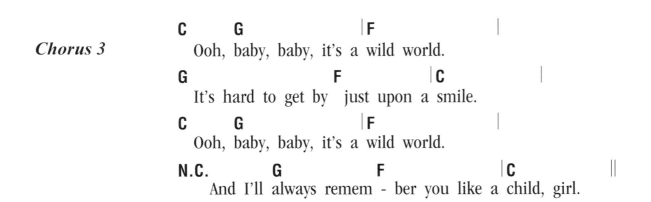

C   G |F |
  Ooh, baby, baby, it's a wild world.

G   F |C |
  It's hard to get by just upon a smile.

C   G |F |
  Ooh, baby, baby, it's a wild world.

N.C.   G   F |C   ‖
  And I'll always remem - ber you like a child, girl.